삼국지톡

문학동네

삼국지톡 4

글 **무적핑크**
그림 **이리**
기획·제작 **YLAB**

조조(字 맹덕)

다소 냉혹하지만 나름의 정의를 품고 국가의 적폐를
뿌리 뽑고자 하여 반동탁연합에 합류한다.

원소(字 본초)

동탁과 사이가 틀어진 후 복수의 뜻을 품고
반동탁연합을 선동한다.

동탁(字 중영)

자신의 야망을 이루기 위해서라면 황제를 이용하고
살인도 서슴지 않는다.

손견(字 문대)

일명 미친 호랑이. 반동탁연합에 합류하고자 한다.

공손찬(字 백규)

유비의 선배, 변방의 수호자. 잔혹한 토벌로 유명하다.

진궁(字 공대)

조조의 정의에 동조하여 위험에 처한 조조의 목숨을 살린다.

차례

•「반동탁연합」•

5년 전
손견군 주둔지

손견 첫째아이
손책(10세)

아빠 손견

야, 책!
왜 그래?

엄마 오국태

동생 손권

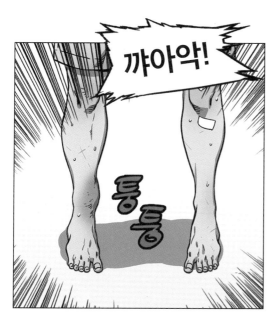

까아악!

퉁퉁

발 왜 이래??
엄청 부었네!

축구하다
골대 깠어요.
발목으로.

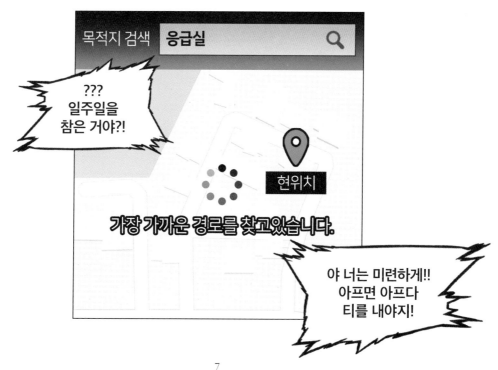

목적지 검색 | 응급실

???
일주일을
참은 거야?!

현위치

가장 가까운 경로를 찾고있습니다.

야 너는 미련하게!!
아프면 아프다
티를 내야지!

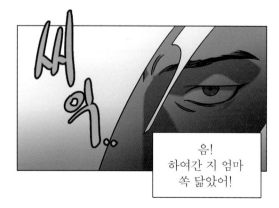

책이 아빠 차 시동 걸어!

오후 12:00 주씨 가족들 이랑 점심

국태야 ㅎㅎ 걱정 마.

내가 못살아! 오늘 손님 오시는데!

그냥 옆집 사람이랑 밥 한끼 먹는 건데 뭘…?

우린 늘 먹던 대로
짜장 짬뽕 시켰는데?

이 사람들 VVIP야?

손견.

어어.

귀, 귀한 분들
뵙게 되어
영광입니다.

하하,
집이 낡아
부끄럽습니다.

전쟁터만 전전하느라
인테리어할 틈이 없어서…

아뇨~ 너무너무
훌륭한데요?

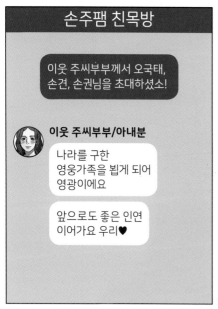

손주팸 친목방

이웃 주씨부부께서 오국태,
손견, 손권님을 초대하셨소!

이웃 주씨부부/아내분

나라를 구한
영웅가족을 뵙게 되어
영광이에요

앞으로도 좋은 인연
이어가요 우리♥

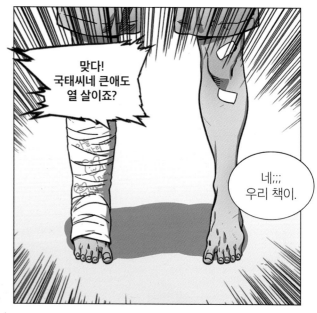

맞다!
국태씨네 큰애도
열 살이죠?

네;;;
우리 책이.

*손견. 황건적의 난을 비롯해 각종 반란을 진압하는 군공을 세우다.

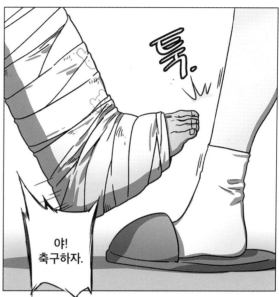

어머 웃긴다
주유~
잘난 척한데요~

#아엄마 #마덜어택

국태씨~
쟤 집에서
엄청 찡얼댄 거
알아요?

네?

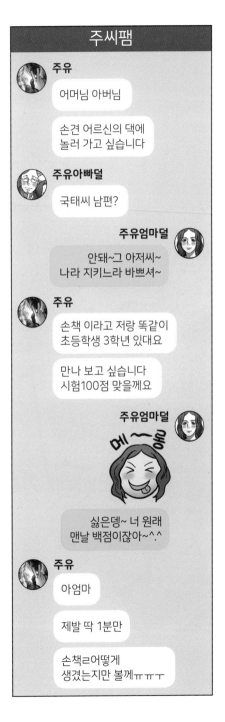

주씨팸

주유
어머님 아버님

손견 어르신의 댁에
놀러 가고 싶습니다

주유아빠덜
국태씨 남편?

주유엄마덜
안돼~그 아저씨~
나라 지키느라 바쁘셔~

주유
손책 이라고 저랑 똑같이
초등학생 3학년 있대요

만나 보고 싶습니다
시험100점 맞을께요

주유엄마덜
메~롱

싫은뎅~ 너 원래
맨날 백점이잖아~^.^

주유
아엄마

제발 딱 1분만

손책ㄹ어떻게
생겼는지만 볼께ㅠㅠ

*주유, 손책이 비범하다는 명성을 듣고 10세의 나이에 직접 그를 만나고자 하다.

주유!
축구하자!
나 손흥민,
너 리오넬 메시!

다시 해!!

그렇게 만난 주유와 손책.

그날부터,
둘은 늘 함께했다.

#아들램 #두마리ㅋㅋ

오국태

기쁠 때나,

손상향

주유님 외 32명이 좋아하오

주유 #동생아어서와 #어머니 #고생하셨습니다 #손상향

슬프고 억울할 때나

책~
기상~
저녁 먹자~
불고기피자
사왔는데~?

그냥 닫아.
혼나는 중이야.

음?!

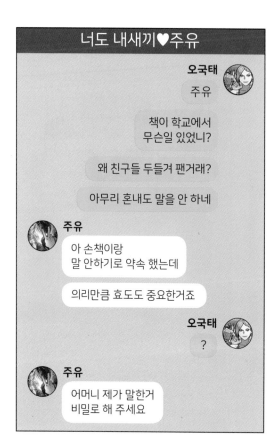

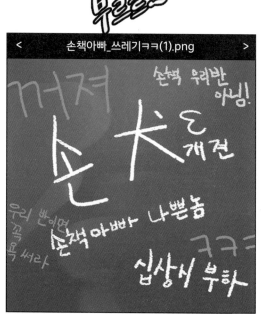

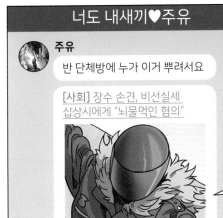

너도 내새끼♥주유

주유
반 단체방에 누가 이거 뿌려서요

[사회] 장수 손견, 비선실세
삽상시에게 "뇌물먹인 혐의"

▲(사진) 방송출연 당시의 유모씨.

함께 싸운 탁현출신 의병장 유모씨는
뇌물 못 바쳐 "노벼슬"

뉴스덧글 |최신순 |인기순

유전무죄
손견,,,그렇게까지 출세하고 싶었냐? 2일 전

실력은좋은데
손견 쫌 실망..인성 별로네 4일 전

···사실이다.
그 더러운 놈들에게
몇 푼 쥐어주었다.

손견
어르신.고생많으십니다^^

오국태
계좌번호좀^^

십상시 장양
캬~센스굿~ㅋㅋ

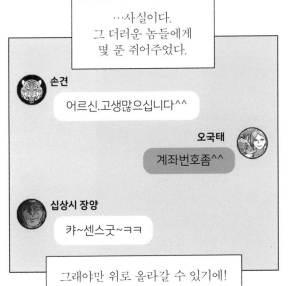

그래야만 위로 올라갈 수 있기에!

허나 그건 어른들 사정이지
애들이 뭘 알까?!

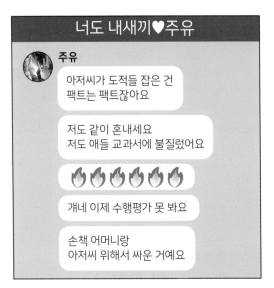

너도 내새끼♥주유

주유

아저씨가 도적들 잡은 건
팩트는 팩트잖아요

저도 같이 혼내세요
저도 애들 교과서에 불질렀어요

🔥🔥🔥🔥🔥🔥

걔네 이제 수행평가 못 봐요

손책 어머니랑
아저씨 위해서 싸운 거예요

책.
밥 먹자.

세상 강한
전사가 될 거야.
아무도 우리 가족
무시 못 하게!

그래!
내가 도와줄게.

꼬마 손책, 주유.
그렇게 어른스럽더니

…왜 지금은…(한숨)

5년 뒤, 현재

야 이거
놔라?

지X.
니가 먼저
놔라?!

손책과 주유 下

三.

왕윤의 초대

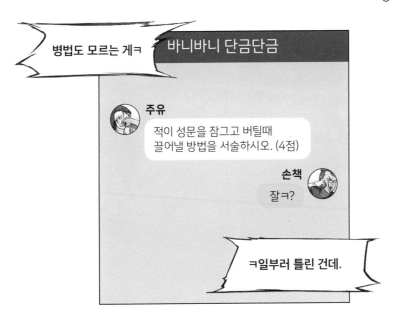

병법도 모르는 게ㅋ

바니바니 단금단금

주유

적이 성문을 잠그고 버틸때
끌어낼 방법을 서술하시오. (4점)

손책

잘ㅋ?

ㅋ일부러 틀린 건데.

왜.

니
빡치라고ㅋ

췈

#단넉지교 #단숨에_목젖_터뜨리는_우정

주유 말이 맞다!

손책 너, 급식이가 무슨 전쟁이야?!

허튼소리 말고 동생들이랑 집 지켜!

두근...

국태야!

*손건과 동탁은 원래 깊은 원한관계였다. 동탁과 함께 종군할 때, 손건이 거만한 동탁을 죽이려 했던 것.

걱정 마!
이 손견, 죽어도 안 죽어!

수도 낙양

대명문가 원씨 저택

이런…
천하고
천박하고

대명문가 원씨 집안 2세
원술 字 공로

미천한 것들!

낙양데일리
[사회] 낙양, 엉망진창 "동탁때문에"

낙양일보
[포토] 동탁, 쿨쿨 "용상은 과학입니다"
[관련기사] 미쳤나? 용상에서 낮잠.... 새 황제폐하 강아지 취급

포커스낙양
[포토] 쫓겨난 전 황제폐하 "살려줘"

[관련포토기사] 하태후도 감금... "언제 동탁이 죽일지 몰라"

투데이낙양
[속보] 황궁은 지금, 피바다

동탁 욕한 신하들 "줄줄이... 떼죽음"

투데이낙양
[단독] 동탁에게 붙은 매국노 리스트

쓰레기 왕윤

투데이낙양
[단독] 동탁에게 붙은 매국노 리스트

뉴스덧글 ㅣ 최신순 ㅣ 인기순

신비한 매국사전
왕윤 : 쓰레기도 ★☆☆☆☆
착한 얼굴에 그렇지 못한 태도
욕 ㄴㄴ,,, 할배 노후대비 해야지,,,ㅠㅠ 57분 전

신비한 매국사전
조조 : 쓰레기도 ★★★★★★★★★★
말이 필요없는 개X끼
동탁 쏠메^^;; 41분 전

왕윤실망
와,,근데 충격이다
왕윤 어르신이 동탁팸이라니,,
맨날 백성 위해 일하던분인데,,,

이 나라엔 답이없다. 38분 전

원소LOVE
원술 추가요ㅋㅋ 8분 전

신비한 매국사전
맞다 ㄳ 6분 전

원소LOVE
찌질ㅋ 형 원소는 동탁에
맞서다 죽을뻔 했는데... 2분 전

*존경받는 관료 왕윤, 동탁에게 몸 굽히다.

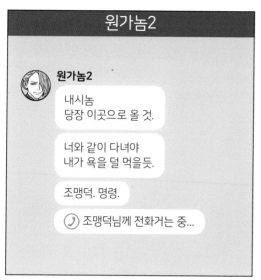

원가놈2

원가놈2
내시놈
당장 이곳으로 올 것.

너와 같이 다녀야
내가 욕을 덜 먹을듯.

조맹덕. 명령.

🕐 조맹덕님께 전화거는 중...

사도 왕윤의 저택

껑!
컹!
컹!

우우~웅 우우~웅

허허~
전화 받지요?

......

스팸
이라.

동탁의 보물
효기교위 조조

*강직한 왕윤. 부패환관 십상시를 공격하다 죽을 뻔하기도 했다.

*왕윤은 여포와 같은 병주 출신이다.

갓동탁, 빛과 소금,
황제의 구원자…

아이고,
헐헐.

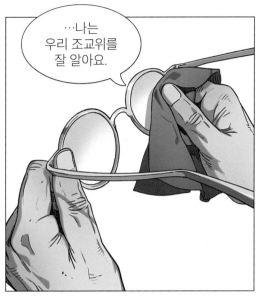

…나는
우리 조교위를
잘 알아요.

한실의
관복을 입든,

동탁의 추한
군복을 입든

'조조'라는
사람의 됨됨이는
변하지 않지요.

우리 조맹덕은 말입니다?

#황건적의난 #n만킬

세상을 바로잡기
위해서라면

#제남국 #탐관오리 #생매장쇼

어떤 희생도
치를 사람이에요.

제 목숨이든

다른 사람 목숨이든 아낌없이.

열불나서 죽겠지요?

헐헐~ 얼마나 얄미울꼬!

법과 질서를 개껌으로 아는 동탁, 그 짐승이!

이 여우 같은 늙은이!

동탁. 동중영. 첫 인상? 인상깊었다.

[속보] 동탁, "나쁜 도적떼 죽여..백성들 안심하라"

동탁 "내가 이런 사람이야"
네티즌 "동탁, 멋져..."
"동탁, 카리스마..."

[주간낙양 기래기 기자]

추진력 하나는 남달랐기에.

주간낙양

[속보] 동탁, "나쁜 도적떼 죽여..백성들 안심하라"

▲[사진] 도적머리 천 개를 쌓아두고 웃고 있는 동탁 어르신

그러나

*동탁, 화폐법을 개정하고 탐관오리를 벌하는 등 친백성 정책을 펴기도 하다.

*동탁, 축제를 즐기던 백성들을 학살하고는 도적떼를 잡았다 주장하다.

고약한

노인네 같으니!

예 맞습니다. 동탁 그놈 사기꾼에 괴물입니다.

한데 어르신도 봤잖습니까? 단체방.

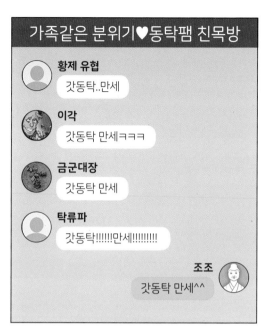

가족같은 분위기♥동탁팸 친목방

황제 유협
갓동탁..만세

이각
갓동탁 만세ㅋㅋㅋ

금군대장
갓동탁 만세

탁류파
갓동탁!!!!!!만세!!!!!!!!!

조조
갓동탁 만세^^

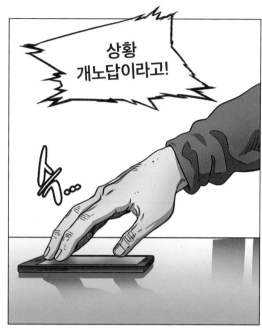

상황
개노답이라고!

⁇!

[받은사진]bravo_189.png

*동탁, 채찍과 당근 활용하다. 반동탁파는 잔인하게 죽이고 친동탁파는 벼슬 올려주어 대세가 되다.

[받은사진]bravo_190.png

그대의 친구
원본초가

비밀리에
동탁을 칠 연합군을
조직하고 있어요.

원본초

원본초
어르신.
첫 진격이 머지않았습니다

낙양에서도 내응하시도록.

헐헐~ 그래요.
상황은 '개노답'
이지만

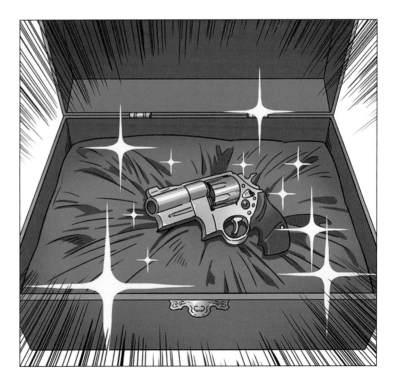

*〈정사〉 왕윤, 동탁을 치고자 마음먹다.
**〈연의〉 왕윤, 조조에게 가보 '칠성보도' 주다.

*동상국 : 동탁.

하나. 동탁에게
접근한다.

둘. 놈의 머리를
날려버린다. 끝.

우와~
갓조조다!

꺄♥
조레기!!!

동탁 패거리는
내게 우호적이니

참으로 식은 죽 먹기.

그런데

♥칼.창 등 무기 반입시
찢어죽입니당♥ -동탁군-

여포 字 봉선

야 조레기.

뭐냐?

옷 속에 뭐 있네? 죽기 싫음 꺼내라?

하나,

둘,

셋!

이거 참~ 내 정신.

요놈 뚜껑 메탈인 걸
깜빡했네~ ^-^

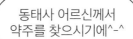
동태사 어르신께서
약주를 찾으시기에^-^

들어가봐도 될지?

찰 캭!

동탁팸 친목방

동탁

우리이븐조맹덕이랑

캬! 이거 죽이네!

조맹덕이! 낙양에선 술도 좋은 것만 먹나?

제 조부께서 미천한 환관이었던지라!

집에 남는 게 돈이요, 굴러다니는 게 비싼 술입니다.

조조

연관검색어 조조, 조맹덕

<u>조조</u> 조맹덕

본명 조맹덕

가족 할아버지
<u>조등(환관)</u>

어르신 같은 영웅께서 드셔주시니

이놈한테도 술한테도 영광입니다!

으하하! 내가 이래서 조맹덕이가 좋아!

조맹덕이는 망할 놈의 환관 핏줄!
나는 변방 싸움개!

우리야말로 '아싸' 아닌가!

조조극혐
조조죽어라 내시X끼 4일 전

동탁OUT
동탁도 죽어라 짐승X끼 3일 전

꺼억…
하지만 이제 약육강식!
힘이 곧 법이요, 질서다!

들었는가?
건방진 원본초
도련님이

나를 죽이려고
군사를 모으고
있다는구먼?

*동탁, 젊은 시절에 조정의 명을 받고 수많은 전장 나가다. 그러나 경직된 중앙조정, 변방 군졸들을 사람 취급하지 않다.

잘 가라! 동탁!

왈!

왈!

아들 봉선이놈
01* - 3*33 - 33*3

왈! 왈!

왈!

?!

도망치는 조조

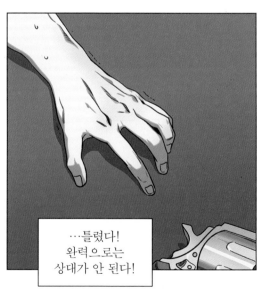

아이고! 깨셨습니까 어르신!

귀, 귀한 선물을 가져왔는데

드리는 걸 깜빡했지 뭡니까ㅠ

머리맡에 살짝 두고 갈까 했는데…

얼마나 피로하시면 업어가도 모르게 주무십니까ㅠ?

크흑…

어어…!! 아니… 어허?

동탁팸 친목방

하긴ㅋ
공무원 쥐꼬리 녹봉에
꿈이나 꿔봤냐?

방금전

여포

ㅋ 어떤불쌍한X끼냐

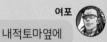 장료

?

여포

내적토마옆에

ㅈㄴ후달리는
중고마 주차됨ㅋ

#ㅋㅋ↑

동탁팸 친목방

 이유

낙양 조 1551
ㅎㅎ조조꺼네

어근데 그 양반 금수전데??

여포

ㅋ허언증

 동탁

즈즈보기않좋구만
남보기구질구질하게
이동탁이보고뭐라하겠나

아들아니가내말한마리
골라서조맹덕이줘라

●여포, 조조에게 좋은 말 한 마리 내주다.

고맙습니다
안 하냐?

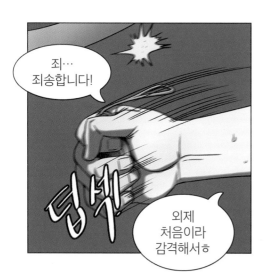

죄…
죄송합니다!

외제
처음이라
감격해서ㅎ

하… 한 바퀴 돌고
오겠습니다ㅎㅎ!

엥?

휘이잉…

조레기
"외제 처음 본다"며?

근데 뭐 물어보지도 않고
알아서 쓱싹 타?

씨X, 뭐지?
싸한데.

헉!!!
여… 여포 어르신!
이것 좀 보십시오!!!

이 X끼들 청소하다가요ㅜㅜㅜ

왕설명 / 앵커

지금부터 군 대변인의 긴급성명발표가 있겠습니다.

고순 / 군 대변인 (특수대 함진영 대대장)

본 조정은 이번 사태를 심각한 테러행위로 규정하였다.

고순 / 군 대변인 (특수대 함진영 대대장)

금일 새벽 2시경, 조조의 도주차량을 낙양 인근 야산에서 발견했으며…

고순 / 군 대변인 (특수대 함진영 대대장)

현재 변장하고 도망중인 것으로 추정된다.

[속보] 군 대변인 "동탁은 영웅"

고순 / 군 대변인 (특수대 함진영 대대장)

알다시피 상국 동탁은…
나라와 황제폐하를 구한 영웅이므로

[속보] 군 대변인 "동탁은 영웅"

COMMAN

[속보] 군 대변인 "동탁은 영웅"

기자들 : (웅성웅성)뭐야? 왜 저래?

[속보] 알고보니 "그냥 방송사고"

이유 / 동탁군 간부

아유~ 죄송합니다!
시청자 여러분! 다시 갈게~?

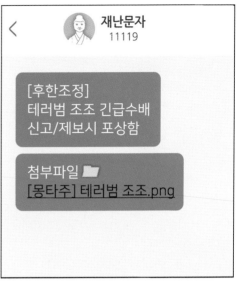

재난문자
11119

[후한조정]
테러범 조조 긴급수배
신고/제보시 포상함

첨부파일 📁
[몽타주] 테러범 조조.png

※ 위 인물을 보신 경우 즉시 관할관아 신고

테러범
조조를

지명수배
한다!

조조! 꼭꼭 숨어봐라!

네가 안전할 곳은 없다!

너를 잡거든 살을
한 점 한 점 회쳐

배신자의 최후를 보일 것이니!

죄인 조조를 잡아라!
어마어마한 상을 받으리라!

낙양 동쪽, 중모현

사회뉴스
[속보]테러범 조조 공개수배

▲군에서 배포한 '테러범 조조 字 맹덕'
수배사진
ⓒ동탁군

동탁군에서는 동탁 살해 미수범
조조에 대해 공개 수배에 나섰다.
군에서 내건 신고보상금은 최고

이야~ㅋ
나 복권
당첨됐네?

조조를 잡아라

　　　　　　　　　　　　　　　　　　악당, 진궁

아이고,
내가 웃겨서
데굴데굴 굴렀네.

진궁 字 공대

야. 미쳤냐?
천하의 동탁을
노려?

너 이제
죽었어.

어어?
얼씨구ㅎㅎ?

*조조. 폭정을 하는 동탁을 암살하려 하다. 도망치던 중 중모현에서 잡히다.

악당, 진궁

동탁이 건
내 현상금!
따블로
드릴게!

그쪽
욕할 생각
없습니다.

아 당연히!
돈이 최고지!

그냥 더
합리적인
선택을
하시라고.

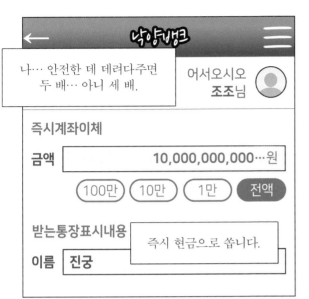

악당, 진궁

조조, 네놈은

자존심도 없나?!

우웩~
웬 송장이여?!

어르신,
얘 누구요?
얼굴이 아주 곤죽이
됐구만?

제 엄마도
못 알아보겠네~

아이 몰라~
무연고 시신인데
나한테 치우래ㅠ

ㅋㅋ 수고
많으심다~

중모현 검문소

어어?
근데 이놈

어디서
많이 본
얼굴인데~?

[속보]테러범 조조 공개수배

▲군에서 배포한 '테러범

헉! 맞네!
그 테러범!
조맹덕이
닮지 않았나?!

엥 아니?
조조 여기
있는데?

어어.
얌전히
자는구만.

야 니들!
눈알은
데코야?!

팡!

악당, 진궁

머리색부터
완전
다르구만!

그런
정신머리로
근무 서
지금?!

헉!
그게
아니고

검문중

뭐함마!
얼른
열어드려!

죄송함다ㅠㅠ
살펴가십쇼!

검문

어~ 블루베리
많이 먹어~

그게 눈에 좋다~

부우우웅~

#조조 #새치염색 #간편하게10분

살았다!!!

나참ㅋㅋ
웃긴양반일세

목적지 검색　　성고 여백사 자택

조맹덕씨ㅋㅋ
내리면 샤워부터 하쇼?
당신 구린내 나

여백사 자택

현재 위치

*조조의 아명 '아만'은 '거짓말쟁이'라는 뜻. 어릴 때 꾀병 선수였다고.

九.

원씨 가문, 망하다

낙양, 황궁

동탁 字 중영

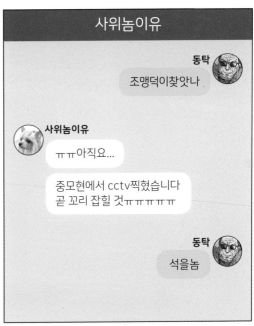

사위놈이유

> **동탁**
> 조맹덕이찾앗나

사위놈이유
> ㅠㅠ아직요…
>
> 중모현에서 cctv찍혔습니다
> 곧 꼬리 잡힐 것ㅠㅠㅠㅠ

> **동탁**
> 석을놈

망할… 조조놈!

감히 내 목을 노려?!

내가 얼마나 잘해줬는데?!

*조조, 폭군 동탁 죽이려다 실패하여 도망가다.

사위놈이유

사위놈이유

현상금 걸었으니
백성들이 알아서 갖다바치겠죠

요새 먹고살기 힘드니깐ㅎㅎ

지식IN

Q 조조현상금 세금 떼나요ㅋ
방금 편의점에서 조조놈본듯ㅋ

A 신고왜해요 좋은일했는데ㅠㅠ

벌써 제보 쏟아집니다ㅎㅎ와우

문제는 원소 도련님인데...ㅠㅠ

어우 장난 아니네요
뭐...끝이 안 보여??

[속보] 반동탁연합 원소 "동탁, 각오해라"

저희가 먼저 치죠?

동탁
에헤이사냥처음해보느냐

사위놈이유

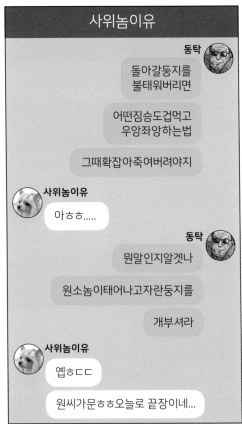

동탁

돌아갈둥지를
불태워버리면

어떤짐승도겁먹고
우왕좌왕하는법

그때확잡아죽여버려야지

사위놈이유

아ㅎㅎ.....

동탁

뭔말인지알겠냐

원소놈이태어나고자란둥지를

개부셔라

사위놈이유

옙ㅎㄷㄷ

원씨가문ㅎㅎ오늘로 끝장이네...

*조조 친구 원소, 동탁 칠 연합군 결성하다.

원씨 가문, 망하다

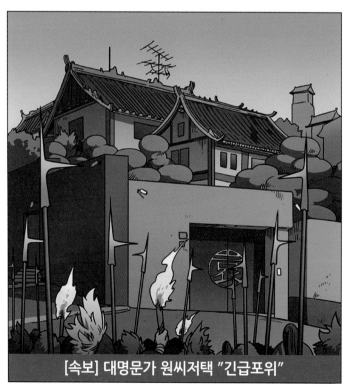

*대명문가 원씨 집안 2세. 원소의 배다른 동생.

[속보] 동탁 "역적 원소 일가...전원 사형"

[속보] "딸, 아들, 사촌... 예외없어"

[속보] 원술의 친형, 원기 역시 "사망"

괴물이었어!

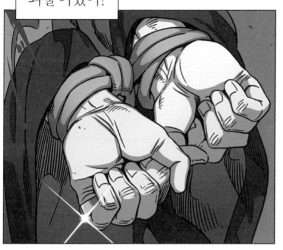

[속보] 대명문가
원씨 가문… "사라져"

도련님!
아니… 어르신!
피하셔야
합니다!

정신 차리십시오!
다 돌아가셨습니다!

괜히 왔네 씨!

원씨 가문, 망하다

목적지 검색 **하내** 🔍

하내

중모현

어디로 갈까?!
큰어르신(원소) 계신
북쪽으로??

현위치
낙양

미쳤냐?!

목적지 검색 **남양** 🔍

중모

현위치
낙양

남쪽으로 가!!
북부도 중부도
동탁군
쫙 깔렸겠지.

ㅇ… ㅇㅋ.

남양

모든 게… 사라졌다.

형님, 누님, 숙부님

자랑스러운 우리 원씨가…
천한 놈들 손에 끝나다니?!

복수하겠다 동탁.
그리고… 원소…
망할 종놈 네게도!

…지금 말고

나중에…

부아아앙~

[속보] 대명문가 원씨가문…"사라져"

동탁 "조조, 보고있나? 다음은 너"

허허!
자~
폰질 그만~

원씨 가문, 망하다

조조의 숙부
여백사의 집

이놈들아~
밥하자~
쌀 퍼와라~

아버지ㅠ
쌀 없는데…

에엥?
라면이라도
꺼내왐마!

라면도 계란도…
없을 무요… ㅠㅠ

여백사의
첫째 아들

나~ 참!
귀한 손님들이
왔는데 밥 한끼를
못 주네!

배달도 안 되고~
워낙에 시골이라

배달의 흉노족

전체   **NEW**   한식   중식   일식   양식

배달가능한 식당이 없소이다!

어휴…
진짜 동탁만
없었어도

우리집 원래
이 정도는
아니었거든요?

……

*동탁. 마을들을 잔혹하게 약탈하다.

별 뜻 없는 하소연이겠지?

그런데 타이밍이 영…

아이고~ 됐어요 삼촌!

굶어도 안 죽어. 요즘 나잇살도 붙어서

진선생! 눈이나 붙입시다.

내일 느지막이 깨워줘~ 다들 굿나잇~

아… 안녕히 주무세요 형.

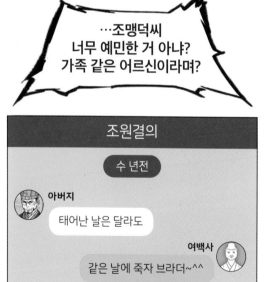

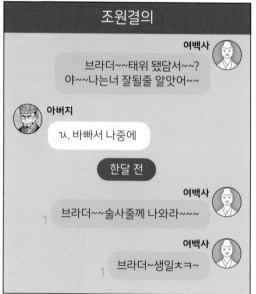

*조조, 동탁에게 쫓기던 중 잠깐 몸 피하려 여백사의 집으로 오다.
**〈연의〉 조조 아버지 조숭, 여백사와 의형제 맺다.

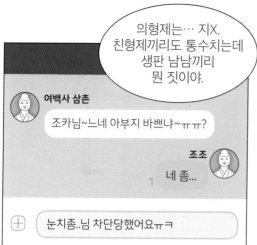

*조숭. 권세 있는 자들과 어울리다.

…정신줄
단단히 잡으쇼.

당황하면
실수하게 돼 있어.

이 집 사람들 다
착해빠졌구만 뭘?

우우웅히

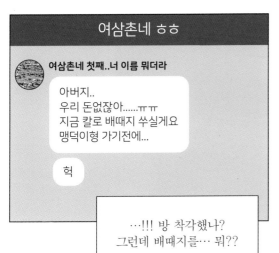

여삼촌네 ㅎㅎ

여삼촌네 첫째..너 이름 뭐더라

아버지..
우리 돈없잖아……ㅠㅠ
지금 칼로 배때지 쑤실게요
맹덕이형 가기전에…

헉

…!!! 방 착각했나?
그런데 배때지를… 뭐??

*조조와 여백사는 프사가 같다.

형···
맹덕이 형

자···?

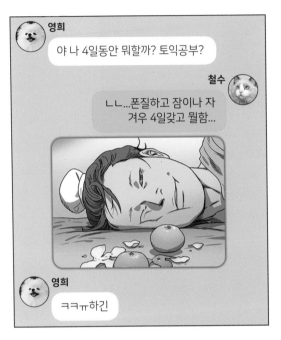

영희
야 나 4일동안 뭐할까? 토익공부?

철수
ㄴㄴ...폰질하고 잠이나 자
겨우 4일갖고 뭘함...

영희
ㅋㅋㅠ하긴

…겨우 4일?

월	화	수	목
28	29	30	1

동탁이 낙양에 온 것이 8월 28일.

수	목	금	토
30	1	2	3

조정을 장악하고,
황제를 갈아치운 것이 9월 1일이다.

단 4일 만에
짐승이 천하를 쥐었는데

나는 멍하니 보고만 있었다.

*189년 8월 28일~9월 1일(음력).

그때 뼈아프게
얻은 교훈은

단 하나.

우물쭈물하면

컥…

끝장이다!

조맹덕씨!

무슨 짓이야.
얘기라도
좀 해보고…

큰형?!

내가 세상을 저버릴지언정

이런…

망할.

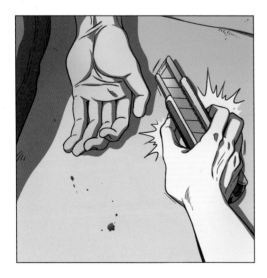

내가 세상을 저버릴지언정

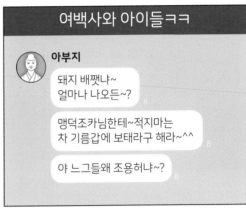

여백사와 아이들ㅋㅋ

아부지

돼지 배쨋냐~
얼마나 나오든~?

맹덕조카님한테~적지마는
차 기름값에 보태라구 해라~^^

야 느그들왜 조용허냐~?

아부지 ✕

인자 아빠 집에가는중~
3분 안에 도착~^^b

내가 세상을 저버릴지언정

야들아~
조카님아~
술 사왔다~ ^^v

삑
삑
삑
삑삑

*〈연의〉 조조와 진궁, 돼지를 잡아 대접하려던 여백사 일가를 죽이고 말다.

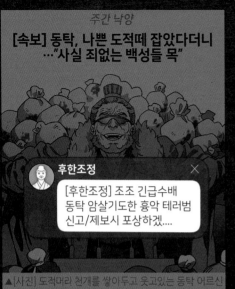

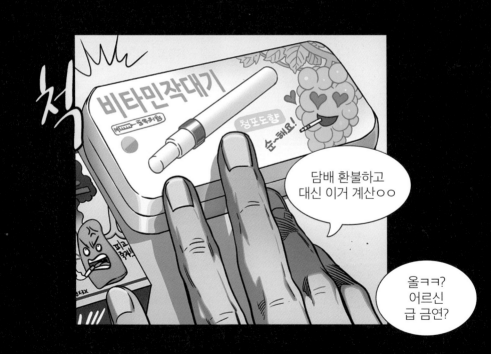

조조, 너 같은 머저리가
아직 이 나라에 있었나!

ㅇㅇ ㅋ

갑자기 살짝
살맛나네~

몸 챙겨야지 ㅋ

잡히지 않길 바랐다.
그런데, 쯧.

 중모현 톨게이트 문지기

현령어르신 대박
얘 조조 맞죠 테러범????

진궁

?!!

야 미쳤네 잘 묶어둬

내가 직접 낙양 끌고가서
상금 타온다ㅋㅋㅋㅋㅋㅋ

중모현 톨게이트 문지기

ㅋㅋㅋㅋㅋ넹
근데 어르신 상금은....

진궁

당연히 너랑나 반띵이지ㅋㅋㅋ

야 복권 당첨되면
가족한테도 비밀인거 알지?

내가 조조 몰래 빼갈테니깐
감옥 지키는 애들 다 퇴근시켜
내 카드로 소고기 회식이나 해라ㅇㅇ

소문나면 골치만 아프지ㅋㅋ

중모현 톨게이트 문지기

아옙ㅋㅋㅋㅋㅋㅋㅋ쉬잇~

목숨 걸고 구했다.

밥맛이지만

너는 살아남아야 할
놈이라고 믿었기에.

그런데

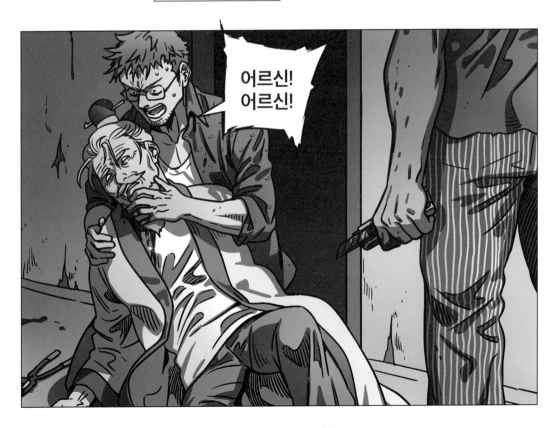

어르신!
어르신!

*〈연의〉 조조와 진궁, 여백사의 가족을 죽이다. 조조, 여백사가 돌아오자 그 또한 죽이다.

이 미친 놈아!

꽉

아까는···
오해했다 쳐도

노인장은 왜!

왜앵

왜앵

동탁군이다!

순진한 진궁선생

내 탓이다.

내가 실수했다, 조조.

영웅인 줄 알고 살렸는데

너는 괴물이었어!

…지금이라도

죽일까?!

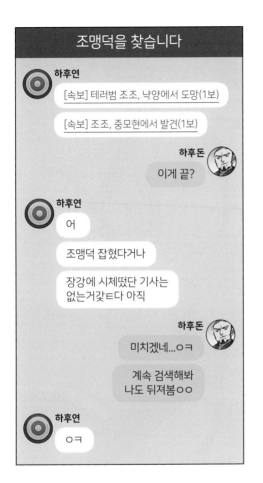

조맹덕을 찾습니다

하후연
[속보] 테러범 조조, 낙양에서 도망(1보)

[속보] 조조, 중모현에서 발견(1보)

하후돈
이게 끝?

하후연
어

조맹덕 잡혔다거나

장강에 시체떴단 기사는
없는거갗ㅌ다 아직

하후돈
미치겠네...ㅇㅋ

계속 검색해봐
나도 뒤져봄ㅇㅇ

하후연
ㅇㅋ

돌겠네.

이 형 진짜
살아 있는 거
맞어?

조조의 친척 동생
하후돈 字 원양

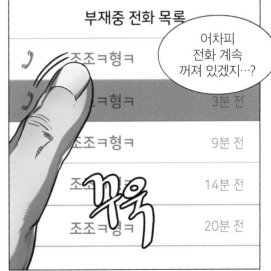

부재중 전화 목록

어차피
전화 계속
꺼져 있겠지…?

♪ 조조ㅋ형ㅋ

♪ 조조ㅋ형ㅋ　　3분 전

조조ㅋ형ㅋ　　9분 전

꾸욱

조조ㅋ형ㅋ　　14분 전

조조ㅋ형ㅋ　　20분 전

*하후돈, 하후연은 조조의 친척 동생들.

*조조, 아버지 조숭이 있는 진류로 향하다.
**〈연의〉진궁, 죄 없는 여백사의 목숨을 빼앗은 조조를 내심 죽이고자 하다.

…내일모레.

더 밟으면
내일 오후.

뭘 놀라?
약속했잖나?

상처 하나 없이
가족들한테
배달해드리지.

목적지 검색 **진류** 🔍

진류

나도… 여백사 일가를
함께 죽였다. 공범이다!

그런 내게 조조를
벌할 권리는… 없지.

하지만 네놈의 본성을
아는 것도 나쁜!

그냥 봐줄 수는 없다!

*〈연의〉 진궁, 잔혹한 조조를 두고 떠나다.
**〈정사〉 진궁, 조조와 행동을 함께하다.

일단 지켜볼 텐데…

흥, 조맹덕.
벌써 가증스럽군.

진류,
조조 가족의
임시 거처.

아주 가족들이랑
눈물의 상봉을 하시겠어?

가족 같은 분위기

조조의 아버지
조숭 字 거고

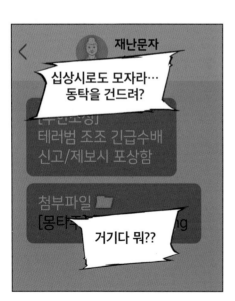

재난문자

십상시로도 모자라…
동탁을 건드려?

[무한소설]
테러범 조조 긴급수배
신고/제보시 포상함

첨부파일 📁
[몽타...]...ng

거기다 뭐??

돈을! 달라고??

*조조, 군사 모아서 반동탁연합 들어가 동탁을 치고자 하다.

*조조의 어머니, 일찍 사망하다.
**동탁, 자신을 암살하려 한 조조 목에 현상금을 걸고 복수의 칼을 갈다.

어휴~
우리 숙부님.

하여간
꼰대셔ㅋㅋ

후한뱅크

어서오시오
조홍님

즉시계좌이체

금액   100,000,000,000···원

100만   10만   1만   전액

받는통장표시내용

이름   조조

하이~
마이 브라더
조맹덕?

많이
궁한가봐?

나
형이라고
불러봐ㅎ

그럼 이 돈
주~지♥

활쏘기 장인
하후연 字 묘재

어마어마한 부자
조홍 字 자렴

*하후연, 조홍 모두 조조의 친척 동생.

야!

10여 년 전,
조조 字 맹덕

나 사고쳤다!

고등학생

조조 친척 동생
하후연 字 묘재

니가 형 대신 감옥 좀 가주라!

…뭐?

조가&하후가 가족방

하후돈
진짜 조맹덕... 어이가 없다

가족을 팔아먹네 와

조조
ㅋㅋ어쩌라고

나 벼슬해야돼
빨간줄 그이면 안됨ㅋㅋ

연이는 미성년자니까ㅇㅇ
금방 나올듯?

조홍
와 개자식이세요??

개 : 왈왈(명예훼손 고소한다)

조조
ㅋㅋ야 걱정마

*조조, 소싯적에 죄를 짓다. 사촌동생 하후연이 대신 감옥에 들어가다.

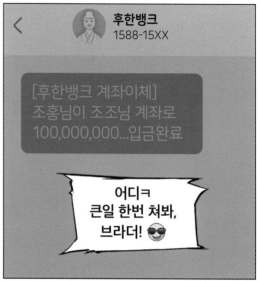

*조홍 외에도, 위홍 등 부자들이 조조를 지원하다.

야~
장관이네 ㅎㅎ

동탁 쫄아서
까무러치는 거
아냐?

인증샷 찍어줘?
배경할래?

ㅎ

조가&하후가 가족방

조조

이상무?

조인

네
애들 상태 좋네요.

#↑ #조조 #친척동생 #22살

조가&하후가 가족방

조홍
야 니 얼굴뭐야
피??? 다쳤냐????

조인
아니. 본보기 좀 보이느라

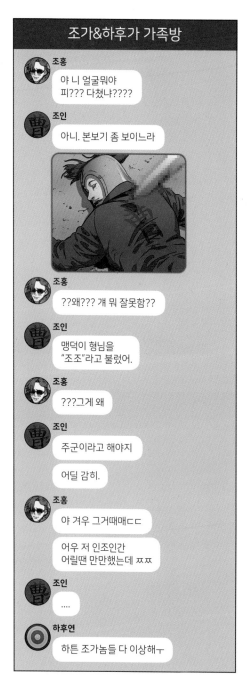

조홍
??왜??? 걔 뭐 잘못함??

조인
맹덕이 형님을
"조조"라고 불렀어.

조홍
???그게 왜

조인
주군이라고 해야지

어딜 감히.

조홍
야 겨우 그거때매ㄷㄷ

어우 저 인조인간
어릴땐 만만했는데 ㅉㅉ

조인
....

하후연
하튼 조가놈들 다 이상해ㅜ

조조
ㅇㅋ출발한다

고생
많았습니다.

*〈연의〉 조인, 찌리캐.
**〈정사〉 조인. 먼치킨. 조조의 최종병기. 충성심, 무예, 지략 모두 SSS급.

짧았지만 아쉽군.
언제 떠나는지?

필요한 거
있으시면 뭐든
말씀하시고.

…그래? 그럼
부탁 하나만.

조맹덕씨.
나 백순 거 알지?
일자리 좀.

*〈정사〉 신궁, 조조군 책사로 임관하다.

그래, 이게 최선이다.

조조, 나는 네놈의
어둠을 똑똑히 보았다.

하지만 옳은 일에
아낌없이 목숨 던진 것도

그러니 지금은
네게 걸어보겠다.

분명한 사실!

네게 영광을 가져다주지.
후회하지 않을 거다.

하지만, 언젠가 네놈이
사람의 길을 벗어나게 된다면

나는 목숨걸고

조조,
널 끝장내겠다!

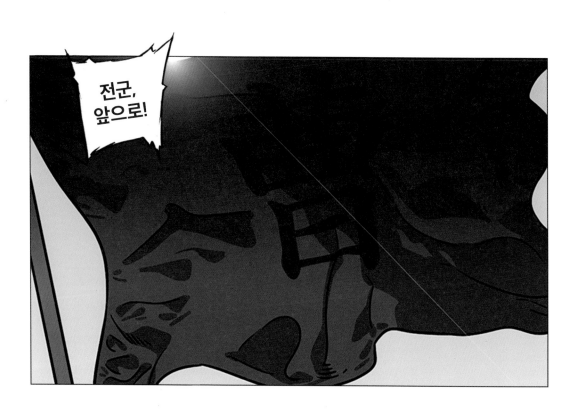

조조에게 올인

게 섰거라 귀 큰 놈아

어… 어르신!
저거 보십쇼!

평원 현령
유비 字 현덕

놈들입니다!

유비군 장노인
(80세, 관절염, 당뇨)

…왔군.
이 일대를 주름잡는
도적떼!

전군!
정신 바짝 차려라!

우리가 절대적으로
불리하다!

*각종 전란으로 군사의 숫자가 줄어 노인, 어린이들마저 창칼을 들다.

게 섰거라 귀 큰 놈아

야아!
이 비겁한
귀 큰 놈아!

니가
그러고도
장수냐?!

당당하게
싸우자아!!!

싫은데ㅋㅋㅋ?

🧑 유비 ⋯

(형)님. 우리
이래도 됨?

❤ 장비님 외 13명이 좋아하오

🧑 유비 월급 도둑질중ㅋ 눈사람 만들기 꿀 #스노우장

맨날 일 안 하고
도망쳐도 되냐고?

ㅋㅋ 야 섭하긴.
이게 일이야~

동탁이 나라를 먹었다.

매일 굶는 자들이 나오고
그들이 새로운 도적이 된다.

도적 하나를 죽이면
백성 둘이 도적이 된다.

배고파

이젠 지겹다..굶기싫다
죽느니..도적 되는게 답인듯.. 방금전

| 좋소이다 😊 1818 | 싫소이다 😠 0 |

밑 빠진 독에 물 붓기.
싸우는 백성들만 축날 뿐.

우리 아무것도
하지 말자ㅎㅎ

그게 세상에
도움되는 길이야.

게 섰거라 귀 큰 놈아

걱정 마.
'선배님'도 당분간
안 오셔 ㅋㅋㅋㅋㅋ

*공손찬. 적들을 무자비하게 학살하다. 마을을 통째로 불사르고 수천, 수만 명의 목을 베다.

十六. 유비의 결심

유비의 학교 선배
변방의 귀신
공손찬 字 백규
끌고 와라.

쿠당탕
변방 도적
(공손찬의 포로)

자, 이 칼로
놈의 목을 쳐.
아니면 산 채로
포를 뜰래?
평원 현령
유비 字 현덕

손맛 한번 봐야
너도 신나지.

아뇨… 저 진짜
괜찮은데… ^^;;

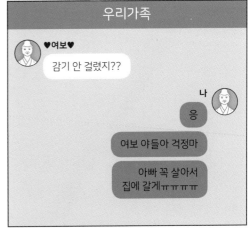

우리가족

♥여보♥
감기 안 걸렸지??

나
응

여보 야들아 걱정마

아빠 꼭 살아서
집에 갈게 ㅠㅠㅠㅠ

사…
살려주십쇼
어르신!

저 나쁜 놈
아닙니다!!!

저 납치
당했습니다.
그냥 밥 짓고
빨래만 했는데
ㅠㅠㅠ

뭐야?
이런
비겁한 놈!

하마터면
속을 뻔했네.

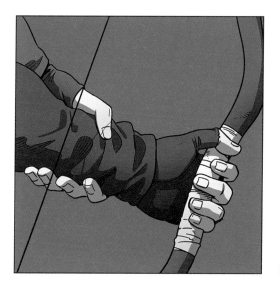

유비군 임시 막사
(지휘관 숙소)

......

잠이
안 온다.

활을 쐈는데
왜

손에서 피냄새가
나는 것만 같은지.

피치보이스

막내 장비
님
이시간에 어디갔음

유비
ㄴㄴ막사앞ㅎㅎ

막내 장비
똥싸러?

유비
잠깐 바람쐬러
ㅈㅅ내가 깨웠나봄

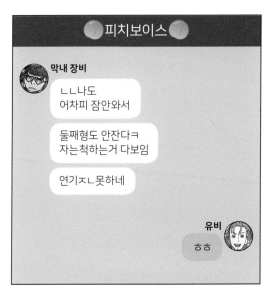

막내 장비
ㄴㄴ나도
어차피 잠안와서

둘째형도 안잔다ㅋ
자는 척하는거 다보임

연기ㅈㄴ못하네

유비
ㅎㅎ

막내 장비
님 괜찮음??

유비
미안하다...
내 생각이랑 많이 다른듯

막내 장비
○○뭐? 그선배란
인간이 참ㄱ해??

ㅋㅋ님 사람보는눈ㅈㄴ없음
ㅁㅊ그인간 개싸읔ㄴㅋ

,,

형님,,저히는 괜찮,,,
누구 섬기시든 따를것,,,

휘릭

피치보이스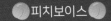

유비님께서 관우, 장비님을 초대하셨소!

오래 전, 184년

유비

ㅋㅋ잘부탁함 큰일한번 해보자
백성들 다 구해버려

맞다 오늘찍은 사진ㅋㅋ

도원결의_복숭아나무_아래서 짠.png

도원결의_복숭아나무_아래서 짠.png

*〈연의〉 유비, 관우, 장비, 처음 전장에 나서기 전 장비네 집 뒤뜰 복숭아나무 아래에서 의형제 되다. "태어난 날은 달라도 같이 죽자" 맹세하다.

그때 우리가 모인 게

인간 백정이나 되기 위해서였나?

이대론 안 된다. 선배한테서 취할 건 취하되

···세상에 내 이름을 떨쳐야 돼! 홀로 설 준비를 해야 한다!

그러려면 방법은 오직 하나뿐···!

👍 공손찬 선배님 👍

전화 거는 중...

뉴스 > 반동탁연합군

[속보] 원소군, 3만명 모여

[속보] 조조군, 진류에서 오늘 출발...5천명(1보)

[속보] 원소, "나라 구원할 영웅 기다린다" 기자회견

선배 저

반동탁연합
조인하겠습니다!

동탁 없애고!
황제폐하
구하고!

정의구현
하겠습니다!

투데이낙양

[속보] 반동탁연합..."명문가 다 모였다"

전국 대명문가 다 모여... 동탁 덜덜?
맹주 프린스 원소 "정의가 뭔지 보여줄 것"

선배도 가실 거죠??
영웅되실 기회인데 ㅠㅠ

아 이미 영웅이시지만

세상 명예로운 자리니까는…

푸하하하 하하하 하하하하!

명예??

👍 공손찬 선배님 👍

00 : 47

그 오만한 자들이 명예를 안다고?

유비…

이 순진한 녀석!

…흠. 하지만 놈들이 모여서 무슨 짓을 벌이는지

염탐할 필요는 있겠군.

*〈정사〉 공손찬, 반동탁연합 참가하지 않다. 오히려 적대시하다. 반동탁연합 진지는 공손찬 세력권과 가깝다.

비야.
반동탁연합은

요사스러운
뱀소굴이나 다름없다!

명문가… 그자들은
명예 따위는 모른다.

탐욕과 질투에 눈먼 버러지들.
널 비웃고, 이용하고, 깔보겠지!

유비 쟤, 엉엉 울며
돌아오겠지?

반동탁연합…
벌써 기대되는군ㅎㅎ

*조조의 친척 동생 조인과는 관계없음.

골프클럽 VVVIP 친목방

무릉태수 조인

[뉴스] 반동탁연합에
"형주자사 왕예"참가선언
..."루저 조인, 보고있나?"

얘 내 원수임
서로 백년전에 차단함

ㅈㄴ나대ㅜㅜ지가 뭔데 영웅이랭

왕재수라 왕예ㅗㅗㅗㅗㅗ

칵 싸우다가 죽어랑

 골프친구/명문가/다이아수저

ㄴㄴ 동탁 손에 죽으면
진짜 영웅되는 거잖음ㅋㅋㅋㅋ

그렇게 싫으면 니가 죽여버리지??

무릉태수 조인

ㅁㅊ
나 잡혀가라공??

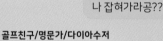 **골프친구/명문가/다이아수저**

아니ㅋㅋㅋㅋ
당연히 직접하면 안되고

셔틀 시킬 놈 없어?
걔 시켜서 죽여 ㅇㅇ

쟤랑 사이 나쁘고
물불 안가리고 덤비는 놈

무릉태수 조인

헐 그런애 있엉

연락처
하찮호랭이ㅋ

가문 구려서 출세에 목숨건 놈인데

가정도 있고 ㅇㅇㅋ
맨날 ㅍ배 지 와이프랑 애들임

골프클럽 VVVIP 친목방

 골프친구/명문가/다이아수저

으 천한것들...ㅉㅉ

아등바등 절박한 거 꼴보기 싫음ㅠㅠ

무릉태수 조인

내말이ㅋㅋ
애쓴다고 평민놈이 황제되냐??

호랭이한테 문자보냄ㅋㅋ

[황실에서 명하노라]
죄인 왕예를 처단하시오.
그대에게 나라 운명이 달렸소.
성공시 가문에 큰 상을 내릴 것이오.

 골프친구/명문가/다이아수저

ㅋㅋㅋㅋㅋㅋ캬 주작질 보소??
야 이걸 속겠냐???

무릉태수 조인

걍 질러ㅋㅋ

답장왔다

와ㅁㅊ

---

*무릉태수 조인, 광록대부를 사칭해 암살을 사주하는 공문 보내다.
**〈정사〉형주를 다스리던 형주지사 왕예, 살해당하다. 넓고 풍요로운 땅 형주, 주인 잃다.

골프클럽 VVVIP 친목방

 골프친구/명문가/다이아수저
헐???? 벌써???

무릉태수 조인

죄인이 숨어서 안나오기에. 성문 부숨.

 골프친구/명문가/다이아수저
와 대단한놈ㄷㄷ 걔뭐냐??

무슨 성 하나를 주머니털듯 털어버리네

저게 시킨다고 되는거??

무릉태수 조인
캬...ㅋㅋㅋㅋ
덕분에 손안대고 코풀었네

어
시원

아 재미지다ㅋㅋㅋㅋㅋㅋㅋㅋㅋ
얘 이제 인생 조졌네ㅋㅋㅋㅋㅋㅋ

빼박살인자에...

반동탁연합동료 죽였으니
원본초한테도 완전 찍히겠구만??

 골프친구/명문가/다이아수저
ㅋㅋㅋㅋㅋㅋ뭐 어때 신경꺼

무릉태수 조인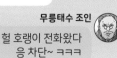
헐 호랭이 전화왔다
응 차단~ ㅋㅋㅋ

 골프친구/명문가/다이아수저 ✕
멍청한 호랑이놈ㅋㅋㅋ
걔 대체 누구야??

황실에서 명하노라

전화 거는 중...

전화를
받지 않아…

이런
망할.

내가… 속았다!

어…
어르신!
어쩌죠?!

*〈정사〉 무릉태수 조인, 원수 왕예를 죽이고자 하다. 가짜 공문서를 보내 손견을 속이다. 손견, 반동탁연합에 합류하러 가던 중 살인을 저지르다.

형주관아
(손견 점거중)

다들 꺼져!
나 혼자
생각 좀 하게!

어르신…

망할.
어쩐다?

국태야…

손견, 출정 전날

이게 웬 돈이야?

군자금! 내가 힘 좀 썼지~

가게부

← ≡

어서오시오
오국태님

| 수입 | **집안 부동산 처분** | 1주일전 |

| 수입 | **우리 노후자금**
손책 결혼자금
손권 유학자금
손상향 등록금 | 4일전 |

| 수입 | **영지 백성들 쥐어짠돈** | 2일전 |

호랑이팸 친목방

 ♥손책♥
아버지 나도 데려가지ㅠㅠ

 ♥주유♥
아저씨 파이팅

 ♥손권♥
아빠 힘내세요 믿어요
ㅇㅎㅁㄷㄱㄹ죾여,│호
아 이거는 상향이요

 ♥♥♥오국태♥♥♥
영지 백성들은 걱정말고ㅇㅇ♥

손견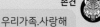
우리가족.사랑해

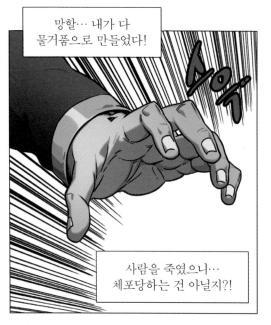

아…
아닙니다!
손견 어르신!

헤헤…
귀한 분께서…
뵙고자
하십니다.

나를?!

남양, 거대한 저택
(???의 임시 거처)

잘 왔다.
그대의 소문은 들었어.
딱하게 됐더군?

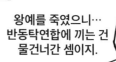

실시간 급상승 | 1위 | 반동탁연합군

뉴스 > 반동탁연합군

[속보] 살인사건 발생…"형주자사 왕예 사망"

SNS에 반동탁연합 참가선언했는데…
범인, 강동의 호랑이 손견으로 밝혀져 충격

네티즌 "손견, 영웅인줄" "실망이다"

천하의 손견이
끈 떨어진
연 신세가
되다니?

그렇다고 동탁에게
붙을 수도 없는 노릇.
그대는 이제 끝이야.

…어르신.
저를 조롱하려고
부르셨습니까?!

웅찔…

…설마?
내가 그리
한가해 보이나?

*손견과 동탁은 오랜 원수다. 같이 반란을 진압하던 때, 동탁 태도가 나빠 손견이 그를 죽이고자 했었다.

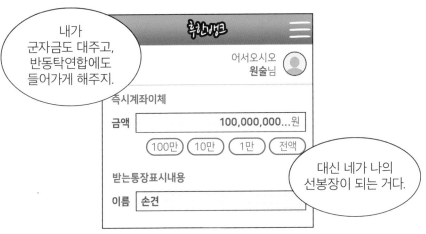

동맹은
같은 레벨끼리
맺는 것!

원씨가문

이 사람을 찾으시오?

국회의원 원씨, 대학총장 원씨, 초기 원씨
태사 원씨, CEO 원씨,

원씨 집안은
4대에 걸쳐
삼공을 배출한
명문가다.

주제넘는
소리 하려거든
썩 꺼져라!

아니, 이건 동맹이다.

내게 네놈이 필요한 만큼,
원술 너 역시 내가 필요할 테지!

하지만…
이 거래가 성사되려면

저와 제 사병들을
어르신께 바칩니다!

내가 복종하는
모양새여야 한다!

*대명문가 원씨 집안, 대대로 영향력 발휘하다. 그 은혜 입은 호족, 관료, 지식인들이 원씨 집안이 망한 뒤에도 원술을 지지하다.

제가 앞으로
거둘 모든
승리 또한

원술 어르신의
것입니다!
거두어주십시오!

*〈정사〉 손견, 원술과 손을 잡다.

종놈아, 보았느냐?
나는 호랑이를 얻었다!

가짜 주제에… 감히 나를
제치고 대장 노릇을 해??

[속보] 반동탁연합… "명문가 다 모였다"

맹주 프린스 원소 "정의가 뭔지 보여줄 것"

천한 원소놈아, 기다려라!
내가 나타나면 모두 날 따를 테니!

**가자!
반동탁
연합으로!**

일그러질 얼굴이
기대되는군?

*원소는 원술의 배다른 형. 두 사람의 아버지는 같지만 원소의 어머니는 노비다.

한편, 낙양
동탁군 주둔지

야 꺼져~
나 내 친구랑
음악 듣잖니~

헤헤, 죄송함다.
동탁 어르신이
문자하셔서…

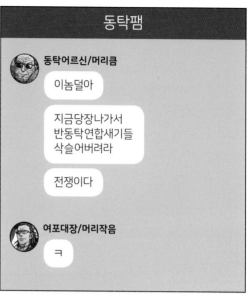

동탁팸

동탁어르신/머리큼

이놈덜아

지금당장나가서
반동탁연합새기들
삭슬어버려라

전쟁이다

여포대장/머리작음

ㅋ

ㅋㅋㅋㅋ
친구야,
뭐라고?

동탁의 수하
머리 콜렉터
효기교위 화웅

다 죽이라고?
그르까???

*원소, 원술, 조조, 손견, 유비 등 반동탁연합에 합류하다. 긴장한 동탁, 여포, 이숙 등 맹장들을 출전시키다.

엄숙한 맹세

반동탁연합군 진지

[뉴스] 원술-손견 북상중.."동탁 죽이러"

스톱! 조조~
거기 딱 서~

[뉴스] 반동탁 조조 합류.."환영 분위기"

하후돈 字 원양

조조 字 맹덕

하후연 字 묘재

연합군 맹주
원소의 막사 입구

반말 금지!
친한 척 금지!
인사는 90도!

상황 변했어,
조맹덕씨~?

대명문가 원씨 집안
반동탁연합 맹주
원소 字 본초

와,
서운하네.

절친이
목숨걸고 왔는데
돌아보질 않냐?

조용.

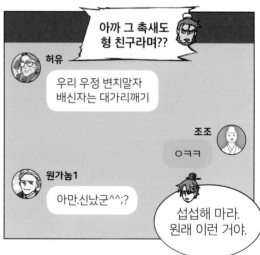

아까 그 촉새도
형 친구라며??

허유

우리 우정 변치말자
배신자는 대가리깨기

조조

ㅇㅋㅋ

원가놈1

아만.신났군^^;?

섭섭해 마라.
원래 이런 거야.

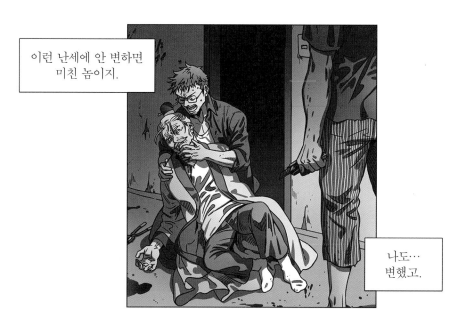

이런 난세에 안 변하면
미친 놈이지.

나도…
변했고.

…어르신.
이 조조, 지금 막
도착했습니다.

My, my…

불쾌하군.
왜 이제야 왔는지?

*동탁, 반동탁연합을 만든 원소 및 반대파에 본보기 보이고자 원씨 일가를 몰살하다.

…흥.

기가 막혀서 (웃음).

제정신인지, 친구?

거벽

거벽

짐승 소굴 낙양에서 동탁의 목을 노리다니?

흥흥 미친 거지.

그래도 아만ㅎ
팬은 꽤 생겼던데?

내 팬이라…ㅎ

[속보] 동탁 테러범 조조, 중모현에서 발견(1보)

뉴스덧글 | 최신순 | 인기순

빵떡맹떡
조맹덕 잡혔나요 4시간 전

좋소이다 😊 11,403   싫소이다 😠 0

  ∟ **자음박사**
      ㄴㄴ 4시간 전

  ∟ **2적**
      다행이네 3시간 전

*원소, 조조를 분무장군으로 임명하다.

지금 피를 나눠 마셔
천지신명께 맹세하니,

목숨 바쳐
역적 동탁에게
천벌을 내리고

악한 맘을
품을 시
내 자손들이
저주받으리라!

엄숙한 맹세

넌 나한테 안 돼

이런… 개판이군.

원본초, 난처하게 됐다!
원술은 원가의 정통 후계자…

태생이 너보다 귀하니
네 맹주 권위에 도전할 것.

*원소와 원술은 배다른 형제. 원소는 어머니가 노비다.

아우야!
무사했구나!

My GOD…
다친 곳은
없느냐?

천지신명
이시여,
감사합니다!

조…
종놈 X끼!
너 돌았냐?!

잠자코 말 맞춰,
아우님^^

구차하군.
왜 죽지 않았나?

왜 자랑스러운 저택과 함께
불타버리지 않았지?

…하긴(웃음).
그럴 용기가 있으면
내 아우님이 아니지^^

[LIVE중계] 원소, 원술형제 감동적인 상봉

정중하게 굴도록.
백성들이 보고 있어.

설마… 찬물을
끼얹고 싶은 건
아닐 테지^^?

이…
천한 놈이!

[실시간채팅]
2,020,202명 시청중

왕 눈물난다ㅠㅠㅠㅠ감동

순 동탁 나쁜놈…한 가족의 비극이다

한 복수합시다!!!!!!

보라!
하늘 아래
내 가족은
이제…

나와 이
'사랑하는 아우'
단 둘뿐이다!

넌 나한테 안 돼

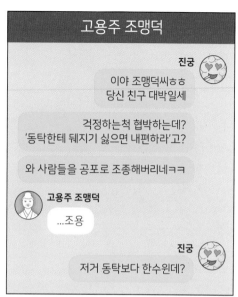

*원소, 원술에게 보급을 맡기다. 식량과 말먹이를 골고루 분배하도록 명하다.

맹주 원소!

그대가 손견이군?

꾸벅!

익히 들었어. '강동의 호랑이'.

내 아우님에게 충성을 바쳤다지?

아우에게 땅까지 갖다바쳤다니

원씨 집안을 대표해 감사하지^^

꾸악

*<정사> 손견. 동탁을 피해 도망친 원술과 손잡다. 원술에게 근거지(남양)까지 마련해주다.

원소… 이 손견이
어지간히 싫은가보군!

[속보] 반동탁연합 시작부터 "위태위태"
반동탁군 참가자 왕예, 살해당해…

범인 "강동의 호랑이" 손견으로 밝혀져 "충격"

하긴, 내가 눈밖에 날 짓을 했으니.

그러나 굴할 것 같나?
나 손견.

내 발 뻗을 자리는
스스로 만든다!

고맙소,
맹주
어르신!

환대에
감사드리오.

이 손가놈,
맹주 어른께
바치고자

큰 선물을
가지고
왔소만?

···선물?

우르르···

넌 나한테 안 돼

낙양의 동탁을 치려면 필히 손에 넣어야 한다! 그러나…

사수관 입구

잡았다!

땡겨!

口치!
힘이 장사네!

강동의 호랑이, 손견(웃음).
사수관의 '별명'을…
그대도 당연히 알 텐데?

머릿수로
비벼!!!

*동탁, 사수관을 사수하고자 병력을 대거 주둔시키다. 손견, 고전하다.

사수관을 이르길···
'호뢰관'

'호랑이의 감옥'이라
한다!

자··· 장군!
후퇴를··· 커헉!

닥쳐!

망할··· 동탁놈,
기다리고 있었군!

[속보] 동탁···"비겁하다"
동탁,올스타급 장수들 다 사수관에
대기시켜··· 여포, 화웅, 서영 "손견 드루와"

'사수관 뚫리면 망한다'.
놈도 바보가 아니니 알 터.
젠장··· 죽어도 뚫어야 한다!
여포놈이라도 끌어내야 하는데

*사수관과 호뢰관虎牢關은 같은 곳, '호랑이를 가두는 터'라는 뜻.

*핵꼰대. 손견에게 충성을 바쳤다. 사모의 달인.
**화병꼰대. 화공에 능하다. 철편의 달인.

손견의 부하
꼰대삼천왕*
한당 字 의공

손견의 부하
꼰대사천왕**
조무 字 대영

*등산꼰대. 산속에 숨은 적을 토벌하다. 활과 대도의 달인.
**마지막 꼰대. 쌍칼의 달인.

야아 손대장아~!
왜 쪽두 못 쓰구 있냐~?!
도와주까ㅋㅋ~~~?!

…흥.
빨리도 왔다!

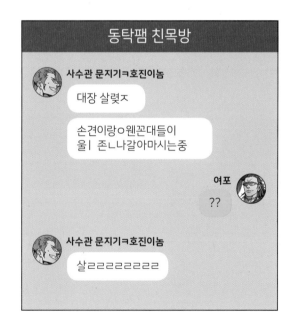

동탁팸 친목방

사수관 문지기ㅋ호진이놈
대장 살렷즈

손견이랑ㅇ웬꼰대들이
울ㅣ 존ㄴ나갈아마시는중

여포
??

사수관 문지기ㅋ호진이놈
살ㄹㄹㄹㄹㄹㄹㄹㄹ

二十二.

저놈이 손견이다

손견…?

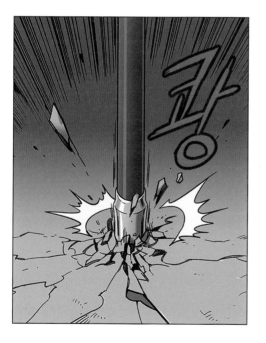

쾅

못 봐주겠네,
멍청한
X끼들.

동탁의 양아들
여포 字 봉선

다 꺼져.
손견 모가지
내가 따온다!

사수관
동탁군 지휘본부

213

잠깐!
그럴 필요 있을지?

첩보가
들어왔어!

동탁의 부하
여포의 고향 친구
호분중랑장 이숙

손견은 곧
무너진다!

반동탁연합 스파이

이숙
미치겠다
손견 장난 아니네

쟤 괴물이냐ㅠ? 지치질 않어

스파이
엥설마요,,?ㅋㅋㅋㅋㅋ
ㅋㅋ걔지금 힘들텐데ㅋ??

이숙
?

스파이
손견군 먹일 짬찬데요ㅋㅋ
맨날 수십대씩 밥싣고 나갔거든요??

며칠째 꼼짝도 안하는중...

이숙
???무슨소리야
손견 지금 굶으면서 싸운다고??

야 구라치지마

스파이
ㅋㅋ

*손견, 동탁군이 점거한 사수관을 맹렬히 공격하다.
**잘 싸우던 손견, 군량미를 받지 못하다.

반동탁연합 스파이

이숙

반동탁 보급담당 원술이잖아
걔가 손견 밥줄을 왜끊어?

원술이 손견 빽인데???

스파이

원술쪽 애들이 그러는데ㅋㅋ
원술 손견한테 딥빡쳤다고...

우아한 원술 사령부

원술 어르신

짜증나는군

왜 맨날 저 천한놈만
실검에 오르는거야

1~10위	11~20위

1 손견
2 강동의 호랑이
3 프린스 원소
4 반동탁연합
5 손견 사수관 승리
6 손견 잘생겼다
7 국태언니 부러워요
8 손견 SNS
9 프로야구 순위
10 원술

원술군 참모

손견 저거.. 동탁까지 죽이면
저희 엄청 깔볼 듯...ㅉ

어르신 쟤 밥주지 마시죠
원래 짐승은 밥 굶기며
길들여야함

반동탁연합 스파이

이숙

헐 ㅋㅋㅋㅋㅋ치졸

쟤네 뭐하냐ㅋㅋㅋㅋ
같은 편끼리???

스파이

ㅋㅋ

이숙

이래서 팀플은 안돼ㅠㅠ

와 개불쌍ㅇ,,,한끼만 굶어도
머리핑도는데,,, 몇날을 쫄쫄ㅠ

손견도 참
사람 보는 눈
없군ㅠ ㅋ

그리고 손견 찾기 진짜 쉽거든ㅋㅋ?

잡아라!
빨간 헬멧 쓴 놈이
손견이다!

*〈연의〉이숙과 화웅, 손견군 급습해 불지르다.

저놈이 손견이다

저놈이 손견이다

반동탁연합 진지

흥,
건방진 놈!
감히 내
머리 위로
기어올라?

대명문가 원씨 집안
손견의 후견인
원술 字 공로

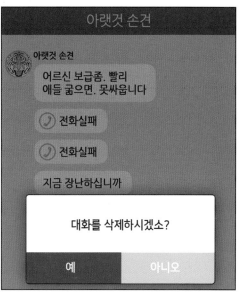

아랫것 손견

아랫것 손견

어르신 보급좀. 빨리
애들 굶으면. 못싸웁니다

전화실패

전화실패

지금 장난하십니까

대화를 삭제하시겠소?

예   아니오

원술
…!!!

으
득…

이런…
썩을 놈들!!!

최고권력자
천하의 역적
승상 동탁

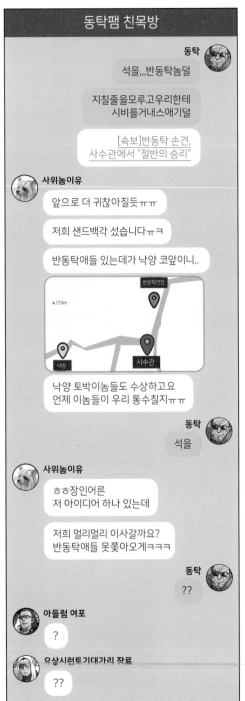

동탁팸 친목방

동탁
석을,,,반동탁놈덜

지칠줄을모루고우리한테
시비를거내스애기덜

[속보]반동탁 손견,
사수관에서 "절반의 승리"

사위놈이유
앞으로 더 귀찮아질듯ㅠㅠ

저희 샌드백각 섰습니다ㅠㅋ

반동탁애들 있는데가 낙양 코앞이니..

[지도: 반동탁연합 ▲173m, 낙양, 사수관]

낙양 토박이놈들도 수상하고요
언제 이놈들이 우리 통수칠지ㅠㅠ

동탁
석을

사위놈이유
ㅎㅎ장인어른
저 아이디어 하나 있는데

저희 멀리멀리 이사갈까요?
반동탁애들 못쫓아오게ㅋㅋㅋ

동탁
??

아들럼 여포
?

유상시런투기대가리 장료
??

*처음에 동탁에게 굽혔던 낙양 토박이들, 동탁에게 저항하다.
반란을 꾀하기도 하다.

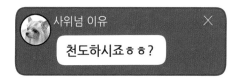

사위넘 이유

천도하시죠ㅎㅎ?

호분중랑장 이숙

이선생 장난ㄴ????
수도를 옮기자고??

요상시런토기대가리 장료

와 이쌤...
스케일 지리시네ㅋㅋㅋㅋㅋㅋㅋ

황궁 쇼핑몰 인프라
다 여기있는데 어딜가욬ㅋㅋ

쯧쯧. 오버는~
이사는 말이야?
딱 둘만 기억하면
됨~ㅎㅎ

*이유. 동탁에게 낙양은 수백 년간 기운이 다했으니 장안으로 천도(수도를 옮기다)하자고 청하다.

하나, 쓸모 있는 것 먼저 챙기기.

허수아비 황제
유협(초딩 저학년)

둘, 쓸모없는 것들은…

아낌없이 버리기.

폐하…
아니 전하ㅎㅎ
약 드시지요.

나… 나 안 아픈데?
이거 약 아니지…?

ㅎㅎ
약 맞습니다.

동탁이 폐위한
前황제 유변

*동탁. 황제 유변을 폐위하고 그의 배다른 동생인 유협을 황위에 올리다. 어린 유협을 끼고 정권 틀어잡다.

모든 고통을…
없애주는 약.

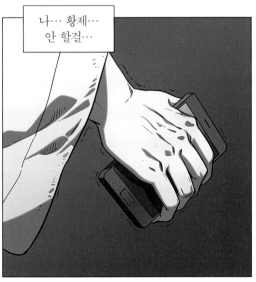

나… 황제…
안 할걸…

유변　✕

어마마마ㅠㅠ
저 먼저 갈게요…

동탁이 폐위한 태후
황제 유변의 어머니
하태후

*〈정사〉 이유. 화근을 없애고자 동탁이 폐위한 황제 유변에게 사약을 주다. "이것은 만병통치약입니다"라고 말하다.

10년 전
황후 하씨(하황후)

^^
...

하황후

자기 임신했다며?

축하해^^
우리 변이한테 남동생생겼네?

자기는 나랑달리 공부잘하니깐
애기도 똑똑할거야^^

왕미인

아뇨...

안낳겠습니다 이 아이

^^
...

하황후

저런... 아쉽네
자기 아이가 곧 내 아이인데

하긴 이런 세상에
태어나면 뭐하겠니?

고통뿐이지...ㅜㅜ

[속보] 환관들, 세력최강…"찍히면 죽음"

황후 송씨, 환관들
손에 끌려나가...
[178년, 3년전 낙양일보]

[속보] 환관들, 세력최강…"찍히면 죽음"

황후 송씨, 결국 "억울하게 이혼당해"
환관들, 후궁 하씨 "새 황후로 강력추천"

[사진] 끌려가는 송황후..남편인 황제는 "뒷짐"

후궁 하씨의 아이 황자 유변, 차기 황제로 급부상
네티즌 "소름...저게 가족이냐" "권력이 뭐라고"

*〈정사〉하 황후(하태후), 남편 영제의 후궁인 왕미인을 견제하다. 하황후는 백정 출신으로 환관과 손잡고 입궁했고, 왕미인은 명문가 출신으로 입궁하다.

**〈정사〉왕미인, 황자(훗날의 황제 유협)를 임신했으나 환관들과 하황후 세력이 두려워 약으로 아이를 지우고자 하다. 그러나 아이가 너무 자라 실패하다.

***〈정사〉환관들, 권력에 방해되는 외척 싹쓸이하다. 영제의 첫번째 아내 송황후를 숙청하고, 친환관파인 후궁 하씨를 새 황후로 올리다. 영제, 묵인하다.

이보게.
우습지 않나?

나는
내 영혼마저
팔아넘겼어.

손에 피도
잔뜩 묻혔어.

내 아이…
변이를 황제로
만들기 위해!

그런데 자네와
내 아이가…
둘 다 황제가
되다니?!

황제 유협의 어머니
왕미인

*하황후. 황자 유협을 낳은 왕미인 독살하다. 영제, 하황후 쫓아내려 했으나 환관들이 하황후를 감싸다.

하태후의 아이
前황제 유변

왕미인의 아이
황제 유협

우습구나…

참으로
우스워…!

흥! 이 정도론 부족하다!
하려면 제대로 해야지?!

실시간 급상승 | 1위 황제폐하 사망

황제폐하, 태후마마 崩御

뉴스 > 속보

[속보] 황제폐하, 태후마마 사망(1보)
동탁, 계엄령 선포
[속보] 황제폐하, 태후마마 사망 사실 확인중

[속보] 동탁, "낙양 불태우고 장안으로 가자"

[속보] 황궁, 주택가, 종묘도 잿더미 "백성들 통곡"

[속보] "낡은시대는 끝...동탁시대 맞이하라"

크크큭… 덤벼라.
원소, 손견, 조조!!!
토막을 쳐주마!

*동탁, 장안 천도와 함께 반동탁연합 향한 총공격을 명령하다.

二十四.

조조의 하드캐리

정말 재미있군.

반동탁연합 제후
대명문가 원씨 집안
원술 字 공로

아주…
유쾌해.

먼저!
사수관을
칩니다.
그 다음!

사수관을
거점 삼아
서진합니다!

원술의 선봉장
강동의 호랑이
손견 字 문대

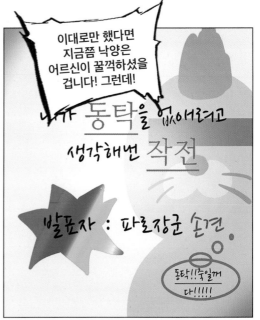

이대로만 했다면
지금쯤 낙양은
어르신이 꿀꺽하셨을
겁니다! 그런데!

내가 동탁을 없애려고
생각해번 작전

발표자 : 파로장군 손견

동탁!!죽일꺼
다!!!!!

*손견. 자신의 충성심을 의심한 원술에게 호소하다. 땅바닥에 마구잡이 그림까지 그려가며 전술 설명하다.

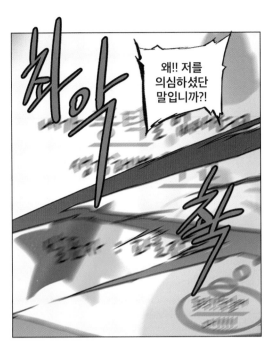

*손견, 승승장구해 동탁군 물리치다. 원술, 손견이 권력 잡을 것을 걱정해 군량미 주지 않다. 손견, 크게 패하다.
**원술, 손견에게 군량 주지 말라 조언한 책사를 죽여 손견을 위로하다.

대신 이것만큼은 명심하도록, 손견.

감히…
네 주인의 머리 위로 기어오르지 말 것.

아무리 수도가 불타고 짐승이 천하를 쥐락펴락하는 시대라도

우리가 지킬 건 지켜야 하지 않겠어?

[속보] "낡은시대는 끝...동탁시대 맞이하라"

걱정 마.
나는 관대하니.

그대도 주제만 안다면 난 모든 지원을 아끼지 않겠어.

난 제 아랫것 제어조차 못하는

천한 종놈이랑은 차원이 달라!

반동탁연합 맹주
원술의 이복형제
원소 字 본초

이런…

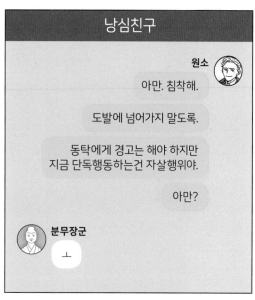

낭심친구

원소

아만. 침착해.

도발에 넘어가지 말도록.

동탁에게 경고는 해야 하지만
지금 단독행동하는건 자살행위야.

아만?

분무장군

ㅗ

낙양 근처, 형양

조조군 VS

동탁군

*조조, 동탁군을 저지하고자 형양전투 나서다. 나머지 반동탁연합군, 주저하며 나서지 않다.

조조의 친척 동생
하후돈 字 원양

히…
히이익!

•
조조의 하드캐리

잘했다, 원양아!

뭘 노닥대나, 조홍?!

전군! 추격하라!
동탁의 팔다리를
끊어라!

빼애액

*〈정사〉 하후돈, 14세에 살인하다. 스승을 모욕한 자를 죽이다.

복병이다!!!

*조조, 화살 맞다. 타고 있던 말도 쓰러져 죽다.

*동탁군. 매복해 있다가 조조군을 사방에서 치다.

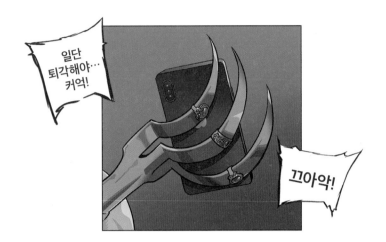

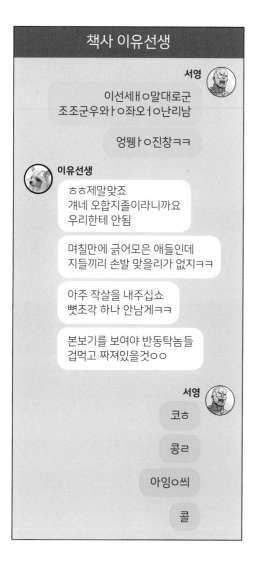

*조조군. 진류에서 급히 긁어모아 개개인은 용맹하나 체계 잡히지 않다.

조조 놈 호위병
싹 뒤졌고~

측근 놈들
정신없고~

뭐여
저 비실이는??

꺄아아아
아아아악
피!!!!

브라더
죽었니?!

지X···
썩··· 꺼져···

모든 게··· 끝났다.
나는 실패했다.

독 안에 든 조조

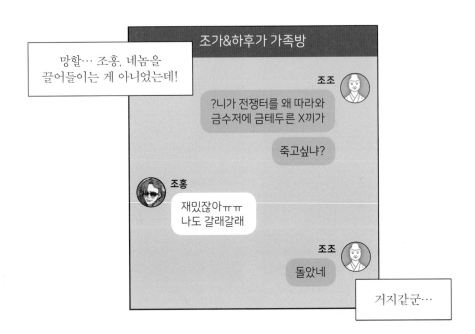

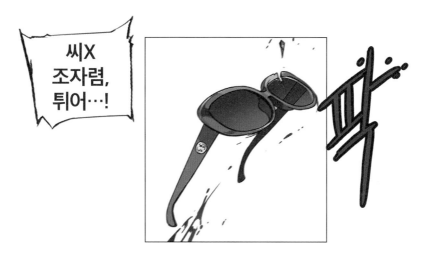

*〈연의〉 부상당한 조조, 조홍(字 자렴)에게 힘없이 "나는 죽게 내버려두고 가라" 하다.

뼈 아픈 패배

조조의 친척 동생
금수저 도련님
조홍 字 자렴

켈켈켈!
뭐하냐
등신아?!

?!

모가지 제대로
그었는데?

?!
야 조자렴!
괜찮나?!

썩 꺼지라니까!
넌 저놈들
적수가 안 돼!

…억?!

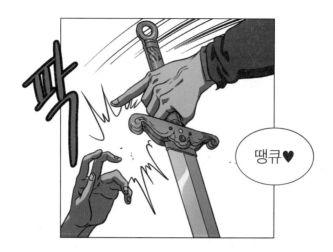

뼈 아픈 패배

*조홍. 조조를 노린 동탁군 둘을 단칼에 베다. "세상에 이 조홍은 없어도 되나, 주군(조조)은 필요합니다".

*조홍, 자신의 말을 조조에게 내주다. 적들을 피해 강을 건너다. 조홍, 고삐 잡고 뛰다.

산송장
다 돼가지고
칼 뽑을 수나
있음?

손가락
까딱이나
하니?

브라더가
진 거야.

진 쪽이
다 죽는 거
전장에선
당연한 거야.

질 싸움은
시작조차 말았어야지

아아악!

으아악!
…커억!

앞만 봐!
분해도.

퇴각하라!!

*조조, 형양전투에서 처참하게 패하다. 5천 명의 조조군, 겨우 수백여 명만 남고 궤멸되다.

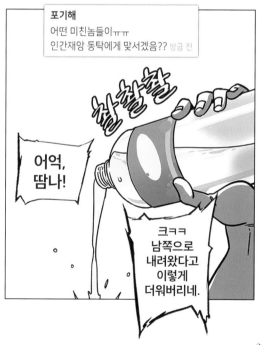

반동탁연합 지원자
작은고을 평원 현령
유비 字 현덕

반동탁연합군 진지

유비 의형제 둘째
관우 字 운장

유비 의형제 셋째
장비 字 익덕

드디어
도착했다!

반동탁연합 임시관문

야이씨 문 안 열어?!

지금 말 다 했냐?!

우리가 왜 잡상인이야?! 어엉?!

*유비, 반동탁연합에 참여하고자 북쪽에서 내려오다.

우… 우는 애도
뚝 그치는
북방의 귀신을

니들 같은
오합지졸이
무슨 수로
안다고…?!

여봐라!
이 허언증
환자 놈들
두들겨서
내쫓아라!

칵! 귀 큰 놈,
니 기껏해야
현령 나부랭이
주제에 어?!

…?
내가 잘못
들었겠지?

*〈정사〉 변방 수호자 공손찬. 잔혹한 적 토벌로 악명 떨치다.
**반동탁연합은 제후, 명문가, 고위관직자들이 대다수. 유비의 벼슬인 현령은 견줄 바가 못 되었다.

이 급한 시국에…
그것도 도우러
온 사람한테

…엉?!

계급장을
따질 리가…?

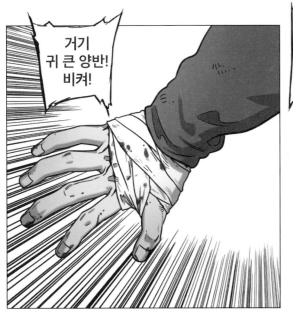

분무장군

…조조!

동탁에게 맞서는
반동탁연합 제후 중 한 명

그리고…

수고
많으십니다.

조조…
저 어르신은
영웅일까?

아님
나쁜 놈일까?

…홀로 목숨 던져

짐승 동탁의 목을 노린

캬~~
조조 저거ㅋ
개박살났네!
ㅋㅋㅋㅋㅋ
ㅋㅋㅋㅋㅋ

아니
멍청하게
매복에
당하냐?

분무장군은 무슨...
패잔병이구만ㅋㅋ

한심하긴.

우리 주군도
조조 엄청
까시더라고.

어? 우리
주군도
ㅋㅋㅋ

책사나리들도
살벌하더라ㅋ
술안주야, 술안주.

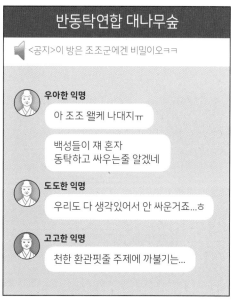

반동탁연합 대나무숲

🔊 <공지>이 방은 조조군에겐 비밀이오ㅋㅋ

우아한 익명
아 조조 왤케 나대지ㅠ

백성들이 쟤 혼자
동탁하고 싸우는줄 알겠네

도도한 익명
우리도 다 생각있어서 안 싸운거죠...ㅎ

고고한 익명
천한 환관핏줄 주제에 까불기는...

*반동탁연합 대다수가 제후. 싸우기는 주저하면서 서로 공을 다투다.

조조의 책사
진궁 字 공대

제정신이냐?
왜 원군을
보내지 않았지?

네놈
혼자서라도
와야 했던 거
아닌가!

매복? 그냥 위협이었어.
동탁은 싸울 생각 없었다.

장안까지 황제와 백성들을
끌고 가는 게 최우선이니

오히려 우리가
밀어붙일 기회였는데…

그런데

*동탁, 수도 낙양을 불태우고 황제 유협과 백성들을 새 수도 장안까지 끌고 가다.
**조조, 형양전투에서 동탁군 매복에 당해 군사 대다수를 잃고 본인도 죽을 뻔하다. 포신 등 극소수 제후를 제외하고는 조조를 돕지 않다.

왜···

쿵!

괜찮으십니까?!

윽···!

…분무장군.

그간 세운 공을 봐서,
이 무례는 용서하지.

몸조리
잘하도록.

니들도 꺼져!
다 나가!

…진선생. 사라지란 말 못 들으셨나?

승질하고는~! 왜 엄한 데 화풀이야?!

이 연합 내부에 불온한 움직임이 있어.

저 맹주나리도 통수 제대로 맞았다고.

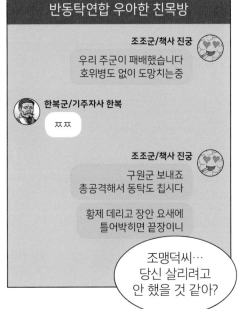

반동탁연합 우아한 친목방

조조군/책사 진궁
우리 주군이 패배했습니다
호위병도 없이 도망치는중

한복군/기주자사 한복
쯔쯔

조조군/책사 진궁
구원군 보내죠
총공격해서 동탁도 칩시다

황제 데리고 장안 요새에 틀어박히면 끝장이니

조맹덕씨… 당신 살리려고 안 했을 것 같아?

반동탁연합 우아한 친목방

 한복군/기주자사 한복
ㄴㄴ싫음 나 실망
반동탁연합은 실패했음ㅠ

조조군/책사 진궁
?

 한복군/기주자사 한복
나 이제 손떼겠음ㅠ
원본초씨...이곳 기주에서 방빼시오

조조를 구하든 동탁을 치든
딴데서 하도록~ㅠㅠ

어차피 나없어도 되잖음~?

당신들 나보다
프린스원소 팬이잖음~ㅠㅠ?
안그래 맹주 어르신?

 맹주/원소
잠깐 대화를

조조군/책사 진궁
헐

기가 막혀서… 제정신인가?

이 타이밍에 최대 스폰서가 발을 뺀다고?

기주자사 한복… 경솔하기 짝이 없군!

 顔 **안면장부**

제후들 다 손절각만 재는 중이야.

동탁 싫은 대나무숲

 익명
방금 전 모바일로 작성

살려주세요
똥탁이요 저희가족 죽인대요 살려주세요

나 참… 백성 절반이 죽어간다는데 삐지고… 싸우고…

익명213 조금만 기다려요
반동탁연합이 구해줄거예요ㅠㅠ

*반동탁연합 제후들, 몸을 사리고 싸움에 나서지 않다. 서로 득실을 따지며 다투다.

그러니
우리도 튀자고.

피 흘릴 만큼
흘렸어.

고향에서 요양이나 하셔

···진선생.
왜지?

최후의 결전을 앞두고,
내분이라고?

왜 하늘은··· 나를
죽이지는 않으면서

무엇 하나 성공하게
해주지도 않나?

님ㅎㅎ
좀 오버하신 듯?

선물이 너무
거창한데?

점잖은 양반들
까무러치네~

*동탁. 위기 맞은 반동탁연합의 숨통을 끊고자 여포와 화웅 보내다. 연합 본진 덮치다.

#반동탁연합_원소_정예군

으… 으아악!
괴… 괴물이다!

열아홉번째 제후

전군! 성안으로 물러나라···

ㅋㅇㅇ웅···

어억?!

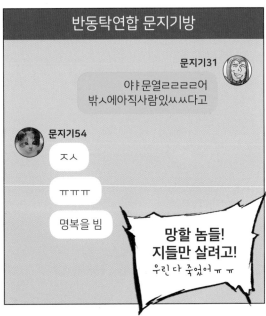

반동탁연합 문지기방

문지기31

야야 문열ㄹㄹㄹㄹ어 밖ㅅ에아직사람있ㅆㅆ다고

문지기54

ㅈㅅ

ㅠㅠㅠ

명복을 빔

망할 놈들! 지들만 살려고! 우린 다 죽었어ㅠㅠ

니깟 촌뜨기들이
무슨… 수로…

성문 안쪽

뭐… 뭐야?!

…돌아가신
우리 엄마가
말씀하시길.

'도적'은
닫힌 문을 억지로
부수고 들어가지만

'손님'은 문이
활짝 열려 있어도

불러줄 때까지
얌전히 기다린다나?

어르신.
이제 우리
들어가도 됩니까?

반동탁연합 회의장

아만,
Stop.

상처가
덧나겠군.

ㅋ
그거 좋네.

그쪽이 먼저
나가셔야지!
머릿수 많잖아?!

아, 아니 왜
나한테 난리야?

이 꼬라지
더 보느니

빨리
뒤져야지ㅋ

야, 우리 애들
꼼짝 말라 해!

화웅이한테 뒤질라!

*원술의 부장 손견, 거침없이 낙양으로 진격하다.

열아홉번째 제후…?!

…?

어…

저… 귀 큰 자
어디서 봤더라…?!

!

여… 여보게!
유현덕이!
나랑 사진 좀 찍세!

원 세상에~
우리 친하게
지내세!

나 공손찬 장군
완전 존경해~!

실례지마는~
우리 유장군께서는
벼슬이 어찌 되시나~?
태수? 상? 자사?

현령인데요…

♥우렁캠 ♥입 크게 벌리면 하트가 뿅뿅~ ♥

*공손찬은 북방에서 이름 높은 실력자였다.
**태수, 상, 자사 모두 고위 관직명. 현재의 장관, 시장, 도지사 같은 관직이다.

*연의에서는 공손찬이 18제후이지만, 정사에서는 반동탁연합에 참가하지 않았다.

허유

원소
공손찬군 숫자는?

허유
개미똥구멍만큼 적은데요ㅠ
얘네 왜온거??

차라리 오질 말든가ㅉㅉ

원소
군사는 오합지졸에
지휘관은 겨우 현령이라...

실망이군, 공손찬.

유현덕씨.
그대의 주군은

어지간히 날
조롱하고픈 모양이지?

씨!
보자 보자 하니까!
야! 고만 까!

이거(유비)
이래봬도
황손이거든?!

*장비, 유비가 황실 핏줄이니 귀하게 대하라 호통치다.

와하하하하하!

…못 봐주겠군.

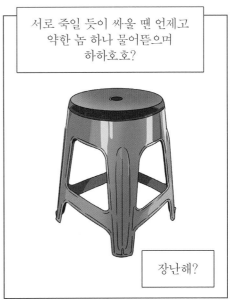

서로 죽일 듯이 싸울 땐 언제고
약한 놈 하나 물어뜯으며
하하호호?

장난해?

댁도 보아하니 무인.
화나서 길길이 날뛰겠군.

칼이라도 뽑을 텐가…

감사합니다, 어르신!
쿠션감 좋습니다!

이이익…
천한 것이…!

유섭!!!
당장 나가서
화웅을 쳐죽여라!
한 손으로!

옙.

원술의 무장
파괴자 유섭

반동탁연합 문자중계

익명254

2회초 : 화웅 vs 반봉

1합 : 화웅 승 반봉 사망

억…?!

이럴 수가…!

내… 내로라하는 장수들이 전부…?!

다… 다음엔… 누가 나가 싸우겠소…?!

아… 아무도 없소?!

거지같군…

유비 의형제
관우 字 운장

뭐라고?!

저… 저
미친 놈이!

닥쳐라!

어디 한낱
마궁수 따위가!

우리가
우습냐?!

하.

암, 우습지.
넌 안 웃기냐?

'반동탁연합'이건만
동탁을 잡기는커녕

동탁 졸개인 화웅 앞에
벌벌 떨고 있는데ㅎ?

'한낱 마궁수' 양반ㅎ
댁 이름 석자도 모르고,
썩 궁금하지도 않아.

그래도 머나먼 저승길에…
술 한잔은 있어야지?

딥썩!

여봐요.

한잔하고
가시지?

긴장하신 것
같은데?

표정이영…

흐으으음…

콰앙

······

잠금… 좀…

엇, 예.

#재도전 #진지

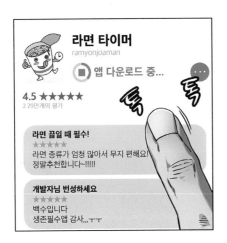

*조조는 환관의 손자. 순혈 명문 세족들은 조조를 깔보았다.

제5권, 「군웅할거」로 이어집니다

삼국지톡 4

ⓒ YLAB, 무적핑크, 이리

초판인쇄	2022년 4월 18일
초판발행	2022년 4월 25일
글	무적핑크
그림	이리
기획·제작	YLAB
책임편집	이보은
편집	김지애 김해인 조시은
디자인	이현정
마케팅	정민호 이숙재 한민아 김혜연 이가을 안남영 김수현 정경주
브랜딩	함유지 함근아 김희숙 정승민
제작	강신은 김동욱 임현식
펴낸곳	㈜문학동네
펴낸이	김소영
출판등록	1993년 10월 22일 제2003-000045호
주소	10881 경기도 파주시 회동길 210
전자우편	comics@munhak.com
대표전화	031-955-8888	팩스 031-955-8855
문의전화	031-955-3578(마케팅) 031-955-2677(편집)
인스타그램	@mundongcomics
카페	cafe.naver.com/mundongcomics
트위터	@mundongcomics
페이스북	facebook.com/mundongcomics
북클럽문학동네	bookclubmunhak.com
ISBN	978-89-546-8522-1 04910
	978-89-546-7111-8 (세트)